Una Guida Pratica per il Tuo iPhone

iPhone XS – XS Max - XR

Matthew Stone

Sommario

Capitolo Uno: Introduzione

Il creatore dell'iPhone è Apple Inc. che è una azienda tecnologica <u>multinazionale</u> Americana. Questa azienda è nata da Steve Jobs, Steve Wosniak e Ronald Wayden, che l'hanno fatta nascere nel 1976 per vendere il personal computer di Wozniak. Più avanti, hanno iniziato a progettare, produrre e vendere prodotti elettronici, assieme a servizi online nel mercato globale. Questi prodotti includono lo smartphone iPhone, il tablet computer iPad, il personal computer Mac, il riproduttore musicale portatile iPod, l'Apple Watch, il lettore multimediale digitale Apple TV, e la cassa smart Home Pod.

I servizi online di Apple includono l'iTunes Store, l'App Store iOS e il Mac App Store, Apple Music e iCloud, assieme al software che include i sistemi operativi conosciuti come macOS e iOS, il riproduttore musicale iTunes, la suite creativa e produttiva iLife e il browser web Safari. Inoltre, forniscono assistenza professionale sotto forma di applicazioni, come Xcode, Final cut pro e Logic pro.

Apple è stata una delle aziende con più guadagni durante l'anno fiscale del 2017, possedendo fino a $229 miliardi. In termini di elettronica che includono solo l'iPhone, è una dei venditori più grandi in tutto il mondo. Questa azienda mantiene circa 504 negozi fisici in 24 principali nazioni, e ha l'onore di essere il datore di lavoro a 123,000 lavoratori nel 2018. Non è strano che sia valutata intorno a $1 trilione. Apple ha guadagnato la fiducia dei suoi clienti e crede fortemente nella fedeltà alla marca. Più di 1.3 miliardi di prodotti Apple sono adorati in tutto il mondo. Al contrario, la comunità del business ha alcuni puntatori significativi contro l'azienda riguardo la loro impronta di carbonio, il comportamento anti-competitivo e certe pratiche di lavoro, assieme all'origine dei loro materiali grezzi, ma questo non ferma Apple dal vendere i loro prodotti.

In una recensione di marzo 2014, il progettista dell'Apple ha chiamato l'iPhone la quintessenza dello sviluppo di un prodotto di alta qualità. Secondo lui, gli iPhone sono comparativamente più costosi delle altre marche per il largo sforzo e le risorse utilizzate nella sua creazione. L'azienda ha iniziato a produrre iPhone, mantenendo il loro design e le proprietà uniche dagli altri. Fino ad oggi, sono stati lanciati molti modelli, ognuno con un'unicità e una qualità migliorata che ha conquistato il mondo. Recentemente, Apple Inc. ha rilasciato nuove versioni dell'iPhone con funzioni uniche e alti livelli di precisione. Sono gli iPhone XS, iPhone XS Max e iPhone XR. L'uscita del nuovo software iPhone iOS 12 ha marchiato la sua presenza nel mercato con i suoi vari aggiornamenti.

Questo libro intende esporre le funzioni dell'iPhone XS,

iPhone XS Max, iPhone XR e iOS 12 in dettaglio. Includerà le loro specifiche, i pro e i contro, consigli e suggerimenti per usarli al meglio e alla loro massima potenza, e una analisi chiara delle differenze degli ultimi prodotti comparati ai loro antenati.

Capitolo Due: Funzioni iPhone Principali

l'iPhone ha un mercato completamente diverso grazie alle sue uniche funzioni. Le seguenti sono le principali caratteristiche dell'iPhone:

Telefono:

Funzioni innovative, come i messaggi vocali visivi accompagnati alle funzioni testuali standard sono un aspetto solido del telefono. I loro corpi sono fatti di acciaio inox a differenza dei modelli precedenti. È assicurato che un iPhone ha un'impronta di carbonio molto limitata.

Schermo Multi-Touch:

Mentre i vecchi iPhone avevano uno schermo da 3.5 pollici, i nuovi iPhone X e iPhone XS hanno uno schermo OLED da 5.8 pollici con un display "Super Retina" che ha più pixel e una gamma dinamica migliore del 60% rispetto al suo predecessore. Lo schermo multi-touch incorpora la tecnologia multi-touch. Il multi-touch permette agli utenti di usare più di un dito contemporaneamente per effettuare funzioni sul touchscreen. Alcune delle funzioni più discusse dell'iPhone sono famose proprio per la capacità multitouch, come toccare lo schermo due volte per effettuare lo zoom, o "pizzicare" e muovere le dita per rimpicciolire.

Navigazione Web:

Gli iPhone offrono una esperienza completa di navigazione online sotto tutti i punti di vista. A differenza dei telefoni Android che usano una versione ridotta mobile dei siti web, fornisce una interfaccia migliore e compatibile.

Email:

Gli iPhone, come tutti gli smartphone, hanno una robusta funzione email che può sincronizzarsi ai server di email aziendali usando Exchange.

Calendario:

Oltre ad essere uno smartphone, ha la capacità di gestire le tue informazioni personali con l'aiuto di funzioni come il calendario, aggiornamenti sul meteo, gestione gestione delle scorte, rubrica e molti altri.

iPod:

Gli iPhone sono dispositivi due-in-uno con funzioni iPod incorporate che lo rendono un bel gadget musicale e anche un telefono cellulare.

Riproduzione Video:

La dimensione degli iPhone è variata nel tempo. Ciò che è costantc è la qualità degli schermi che rendono l'esperienza della riproduzione video più ipnotizzante; sia un qualsiasi video YouTube o del contenuto dall'iTunes store.

App:

Apple ha il suo App Store. È in grado di far girare tutti i programmi di terze-parti che consistono da App divertenti ad App di lavoro, pagate o gratuite. L'App store da decisamente valore agli iPhone.

Fotocamere:

Uno dei cambiamenti principali nell'iPhone è la parte delle due fotocamere, confrontato con i modelli precedenti che ne avevano solo una. La fotocamera posteriore scatta foto ad alta risoluzione e video, mentre quella frontale può essere usata per FaceTime e videochiamate in diretta ecc.

Schermata Home iPhone

L'iPhone ha rilasciato il firmware cioè il software che gira sul telefono – versione 1.1.3, grazie a cui gli utenti sono in grado di riposizionare le icone su schermo secondo la loro preferenza. Gli permette di raccogliere applicazioni in una cartella per salvare spazio. Questo è specialmente utile quando hai aggiunto applicazioni dall'App Store.

Tasto Home:

Il tasto home è piazzato nella parte inferiore al centro

del telefono e viene usato per svegliare il telefono ma, nei recenti modelli di iPhone, questo tasto è stato rimosso. I tasti home sono ora una parte dello schermo multi-touch nei modelli iPhone XS, XS MAX e XR.

Tasto di Accensione:

Nell'angolo sopra a destra dell'iPhone, troverai il tasto di accensione. Premere questo tasto blocca lo schermo e/o mette il telefono in sleep. È anche il tasto usato per riavviare il telefono.

Tasto Volume:

Questi sono collocati sulla parte sinistra del telefono, e si muovono su e giù. Vengono usati per controllare il volume della suoneria, video, riproduttore musicale ecc. del telefono.

Tasto Silenzioso:

Sopra il controllo volume c'è un piccolo tasto rettangolare. Questo è il tasto silenzioso, che ti permette di mettere il telefono in modalità silenziosa in modo che non suonerà la notifica quando arrivano chiamate.

Connettore Dock:

Nei recenti iPhone XS, XS MAX e XR c'è la possibilità di

ricaricarli facilmente, ma c'è anche un connettore dock incluso sulla parte inferiore del telefono con scopo di collegarci il cavo per sincronizzare il telefono al computer, con supporto anche ad accessori.

Sincronizzazione:

Non appena viene attivato l'iPhone, l'utente inserisce i suoi dettagli sull'iPhone per sincronizzare dati come il calendario ed altre informazioni collegate all'ID utente.

Ripristino e Reset:

Infine, iTunes viene usato anche per resettare i dati sull'iPhone e per ripristinarli dal backup se succede qualche problema e devi eliminare i contenuti del telefono.

Capitolo Tre: Novità Principali dell'iPhone

Schermo:

I nuovi modelli iPhone consistono di uno schermo display OLED, simile all'iPhone X. Il componente che viene aggiornato sullo schermo è il super retina display e comprende il 60% della gamma dinamica in confronto al modello precedente. Contiene anche più pixel. Questo iPhone ha il record per il display più grande fatto approssimativamente di

3.3 milioni di pixel.

Riconoscimento Facciale:

Il riconoscimento facciale è una delle nuove funzioni che permettono a un utente di usa-re la propria faccia per sbloccare automaticamente il telefono quando lo guarda. Anche se questa funzione si trova anche nei modelli di Samsung, ciò che rende questo diverso è l'utilizzo di un'immagine 3-D per sbloccare il telefono, che è l'epitome della sicurezza. Apple sfida dicendo che questo blocco non può essere violato anche usando maschere facciali professionalmente costruite. I blocchi con il riconoscimento facciale sono più sicuri comparati ai blocchi con le impronte.

Animoji:

Visto che tutte le aziende stanno sviluppando la loro versione delle emoji, Apple ha deciso di sviluppare la propria versione delle emoji che si ricollegano al riconoscimento facciale ma in un modo divertente. Queste emoji sono una combinazione di adorabile e spaventoso. Sono chiamate 'animoji.' Registri un corto video della tua faccia facendo un'espressione e gli animoji imitano la stessa espressione con una precisione sorprendente.

Ricarica Wireless:

L'iPhone X, iPhone 8 e iPhone 8 Plus sono i primi iPhone che supportano la ricarica wireless. Lo standard della ricarica wireless scelta da Apple è generalmente lento ma, con il tempo e la tecnologia, sarà una ricarica wireless più veloce ed attrezata.

Nuove Fotocamere:

L'iPhone X ha una lente grandangolare da 12-megapixel e anche una seconda lente teleobiettivo per lo zoom. Apple dice che offre enormi miglioramenti rispetto alle fotocamera che abbiamo visto nell'iPhone 7 plus, che fu il primo a mostrare una lente teleobiettivo. Noterai anche video meno traballanti, migliori immagini con poca luce ed altro. Inoltre, la nuova fotocamera frontale "TrueDepth" è in grado di fare questi stravaganti ritratti che sono usciti con l'iPhone 7 plus, che creano una sfocatura bokeh dello sfondo che sembra molto più professionale.

Processore A12 Bionic:

Il processore A12 Bionic nel nuovo iPhone è uno dei chip

più veloci sul pianeta. Il chip da 7nm ha 6.7 miliardi di transistor e un motore a 8 core dedicato al machine-learning per valutare i dati del network neurale per presumere se i processi devono passare nel motore neurale o no. Il processore A12 Bionic usa meno energia e può effettuare 5 trilioni di calcoli al secondo, dandogli l'abilità di aprire le app 30 volte più velocemente rispetto agli iPhone precedenti. Il processore A12 Bionic nel nuovo iPhone è uno dei chip più veloci nel pianeta.

Un'Opzione di Archiviazione da 512GB:

L'iPhone XS e XS Max ti forniscono una memoria interna di 512GB senza opzioni per l'archiviazione esterna.

Regola Profondità di Campo:

Gli iPhone possono ora aggiustare anche la profondità in una foto grazie alla barra della profondità. Tutti e tre i modelli, XS, XS MAX e X supportano comunque una fotocamera a configurazione verticale con un flash LED tono accompagnato con un sistema avanzato anti sfarfallio in una fotocamera da 12 megapixel con una lente teleobiettivo. La fotocamera frontale ha un sensore 2 volte più veloce con una riduzione occhi rossi migliorata, assieme a una segmentazione dettagliata.

Smart HDR:

Nel modello XS, uno smart HDRA è gestito dallo stesso chip A12 che permette al processore del segnale immagine del telefono e al motore neurale a collegare multiple immagini in una usando tecniche come zero lag otturatore e evidenziamento, e come risultato danno una qualità foto migliore. La fotocamera è adesso anche in grado di fare foto migliorate, fare video e forme con una migliore struttura di luce in condizioni di bassa luce.

Processore A12 Bionic:

Il processore A12 Bionic nel nuovo iPhone è uno dei chip più veloci sul pianeta. Il chip da 7nm ha 6.7 miliardi di transistor e un motore a 8 core dedicato al machine-learning per valutare i dati del network neurale per presumere se i processi devono passare nel motore neurale o no. Il processore A12 Bionic usa meno energia e può effettuare 5 trilioni di calcoli al secondo, dandogli l'abilità di aprire le app 30 volte più velocemente rispetto agli iPhone precedenti.

Un'Opzione di Archiviazione da 512GB:

L'iPhone XS e XS Max ti forniscono una memoria

interna di 512GB senza opzioni per l'archiviazione esterna.

Regola Profondità di Campo:

Gli iPhone possono ora aggiustare anche la profondità in una foto grazie alla barra della profondità. Tutti e tre i modelli, XS, XS MAX e X supportano comunque una fotocamera a configurazione verticale con un flash LED tono accompagnato con un sistema avanzato anti sfarfallio in una fotocamera da 12 megapixel con una lente teleobiettivo. La fotocamera frontale ha un sensore 2 volte più veloce con una riduzione occhi rossi migliorata, assieme a una segmentazione dettagliata.

Smart HDR:

Nel modello XS, uno smart HDRA è gestito dallo stesso chip A12 che permette al processore del segnale immagine del telefono e al motore neurale a collegare multiple immagini in una usando tecniche come zero lag otturatore e evidenziamento, e come risultato danno una qualità foto migliore. La fotocamera è adesso anche in grado di fare foto migliorate, fare video e forme con una migliore struttura di luce in condizioni di bassa luce.

Capitolo Quattro: La Differenza Principale Tra gli iPhone

Nel passare dell'ultimo decennio, Apple ha continuamente introdotto modelli di iPhone che sono più nuovi e migliori rispetto a quelli precedenti. Questo capitolo ti porterà nel viaggio degli iPhone fino al giorno d'oggi dove l'iPhone è riuscito a diventare l'azienda più tecnologica di telefonia al mondo.

L'iPhone 3G non aveva i dati 3G o il GPS, entrambi che vennero introdotti più avanti con una seconda versione, che aveva anche una migliore scocca. La sua batteria era di 1150 mA con un voltaggio di 3.7 V, ed aveva il Bluetooth 2.0 EDR con una fotocamera posteriore di 1.9 megapixel, sicuramente niente in confronto agli ultimi modelli di iPhone. Il suo design del core era ARM1176 x 1 con una velocità CPU di 412 MHz e aveva 128 MB di RAM, dove la ram più nuova passa a 525 GB.

In un altro anno, Apple rilasciò l'iPhone 3GS dove S indicava "velocità." Aveva una batteria migliore rispetto all'iPhone precedente con 1219mA. Ha una fotocamera posterior da 3.1. Il design del core di questo telefono era un ARM Cortex-A8 x 1 con una velocità CPU di 620 MHz e 256 MB di RAM.

Dopo questo uscì l' iPhone 4 che era migliore di tutti i telefoni precedenti. La fotocamera frontale venne prima introdotta nell'iPhone 4, che mandò la sua popolarità a un livello completamente diverso. Aveva una batteria migliore di 1419mA e una fotocamera posteriore di 5.2 megapixel, mentre la fotocamera frontale era di 0.3 megapixel. Il suo design core era un ARM Cortex-A8 x 1 con una Velocità CPU di 800 MHz ma la sua RAM e memoria di archiviazione era simile a quella degli iPhone precedenti.

l'iPhone 4s non aveva molti cambiamenti in confronto al suo predecessore. Una nuova funzione che ha introdotto l'iPhone 4s è Siri e una fotocamera ad alta risoluzione che poteva effettuare video a 1080p HD.

l'iPhone 5 arrivò con uno schermo più grande per la richiesta dei clienti. Questi telfono erano un quarto di pollice più alti dei loro predecessori. La larghezza rimase simile. Questo telefono non era user friendly per la sua lunghezza, e non era facile da usare con una mano, ma l'iPhone 5 fu uno dei primi iPhone a supportare l'LTE (tecnologia di comunicazione internet wireless). Fu anche uno dei primi telefoni ad usare la porta di ricarica lightning di Apple, anziché il largo connettore 30-pin che venne usato in precedenza sugli iPhone e iPod. Aveva 1GB di RAm e 64GB di spazio di archiviazione con una fotocamera posteriore da 8 megapixel e una fotocamera frontale di 1.2 megapixel.

Nell'iPhone 5S, il cambiamento principale fu l'introduzione dello scanner dell'impronta digitale Touch ID. In precedenza, questa funzione fu usata solo sull'App Store per autenticare i download, ma negli iPhone futuri, vennero fatte aggiunte di sicurezza, come il riconoscimento facciale. Hanno introdotto il colore oro per la prima volta attraverso questo iPhone.

L'iPhone 5c era comparativamente meno costoso del 5S ed era l'unico modello dal 3GSs ad avere un corpo in plastica e una selezione di colori diversi. A $499, era $200 in meno rispetto all'iPhone 5S ma venne considerato comunque costoso rispetto agli altri smartphone di fascia media. In poche parole, Apple fallì a produrre uno smartphone budget friendly nel 2015.

L'iPhone 6 e 6 Plus ebbero un design chiaramente migliore rispetto al design stranamente allungato del loro predecessore. Entrambi i modelli erano molto simili in funzione. La differenza esterna significativa era lo schermo più grande del 6 Plus.

L'unica differenza interna era la presenza di uno stabilizzatore di immagine ottico nell'iPhone 6 Plus che diede la possibilità alle App di venire mostrate in modalità panoramica sui dispositivi più grandi. Questi furono anche i primi telefoni Apple ad usare il molto celebrato Apple Pay.

Dopo questo uscì il famoso iPhone 6S che introdusse una nuova funzione chiamata "3D Touch." Anche conosciuta come 'pressione del tocco', gli utenti potevano, per la prima volta, usare diverse funzioni premendo lo schermo più fortemente. L'iPhone 6S fu anche il primo telefono ad uscire in oro rosa; il colore più famoso di tutti i tempi.

L'iPhone SE, invece, è uno dei telefoni più piccole che Apple ha mai sviluppato. È una prova di uno smartphone budget-friendly per i mercati emergenti. Ha l'esterno di un iPhone 5S cioè un corpo in plastica e una dimensione schermo di solo 4 pollici ma include tutte le potenti funzioni dell'iPhone 6S.

Con il lancio dell'iPhone 7 e 7 Plus, Apple lanciò nuovamente due modelli contemporaneamente con diverse dimensioni schermo e prezzi. L'iPhone 7 e 7 Plus furono i primi iPhone ad essere venduti senza un jack cuffie. Furono anche i primi iPhone che non ebero un tasto home fisico e anche i primi iPhone ad essere impermeabili. A differenza dell'iPhone 7, il 7 Plus aveva una doppia fotocamera posteriore che poteva misurare la profondità, risultando in incredibili foto ritratto.

Nel Settembre 12 del 2017, Apple introdusse l'iPhone 8 e iPhone 8 Plus, considerati come aggiornamenti evolutivi dei loro telefoni precedenti con un processore più veloce, una tecnologia del display migliorata, sistemi di fotocamere migliorati e ricarica wireless. L'azienda annunciò anche l'iPhone X, che cambiò radicalmente l'hardware della serie iPhone, rimuovendo il tasto home a favore della tecnologia a riconoscimento facciale, e avendo un design quasi senza bordi con la ricarica wireless.

Nel 12 Settembre del 2018, Apple introdusse l'iPhone XS, iPhone XS, iPhone XS Max e iPhone XR. L'iPhone XS e l'iPhone XS Max comprendono schermi Super Retina, un sistema a doppia fotocamera più veloce e migliorato che offre una svolta in funzioni foto e video. Altre funzioni includono il primo chip a 7 nanometri in uno smartphone. Il chip A12 Bionic con il motore neurale di nuova generazione, Face ID più rapido, ampio suono stereo e l'introduzione della Doppia SIM all'iPhone. L'iPhone XR ha un design a tutto schermo in vetro e alluminio con l'LCD più avanzato in uno smartphone contenendo uno schermo Liquid Retina Display da 6.1 pollici, il chip A12 Bionic con il motore neurale di nuova generazione, il sistema di fotocamera TrueDepth, il Face ID e un sistema di fotocamere avanzato che crea ritratti drammatici usando una singola lente.

Capitolo Cinque: iPhone XS XS Max XR

The iPhone XS

Questo nuovo modello è più piccolo in confronto al suo modello padre, cioè l'iPhone X. L'iPhone XS oggi è la nuova moda.

Schermo/Display:

Negli incredibili 5.3, ha uno schermo HDR "Super Retina" con diagonale di 5.8 pollici con 458 pixel per pollice, che è più alto del vecchio schermo da 5.5 pollici del vecchio 8 Plus, ma è più sottile, quindi ha un volume di schermo totale minore.

Prezzo per Capacità:

Il prezzo di questo iPhone dipende dalla capacità. Costa $999 per 64 GB, $1.149 per 256GB e $1,349 per 512GB.

Colori:

L'iPhone XS è disponibile in un corpo in acciaio inox disponibile in tre colori, grigio siderale, oro e argento. Il telefono è anche impermeabile fino a 2 metri.

Altezza:

L'iPhone XS è alto 5.65 pollici (143.6 mm).

Peso:

Pesa 6.24 once (177 grammi).

Spessore:

Lo spessore dell'iPhone XS è di 0.30 pollici (7.7 mm).

Larghezza:

La larghezza dell'iPhone XS è di 2.79 pollici (70.9 mm).

Resistente agli Schizzi e alla Polvere:

L'iPhone XS resiste ad acqua e polvere. Ha una

certificazione IP64 (massima profondità di 2 metri fino a 30 minuti) sotto lo standard IEC 60529.

Chip Bionic:

Questo chip è un livello completamente diverso di intelligenza artificiale. L'A12 bionic, accoppiato con il motore neurale di nuova generazione, fornisce risultati incredibili. Peresempio, fornisce un potente machine learning in tempo reale che fornisce incredibili risultati per gaming, foto, realtà aumentata ecc. Questo chip ha incrementato la velocità delle funzioni del 15% comparato al chip A11 Bionic. I suoi 4 core efficienti permettono fino al 50% di utilizzo energetico in mero rispetto al chip A11 Bionic. Il chip A12 Bionic fornisce anche una performance grafica migliore del 50%.

Apple ha progettato il motore neurale che è costruito per machine learning avanzato in tempo reale. Questo significa che l'iPhone XS può riconoscere schemi, fare predizioni e imparare dall'esperienza, in modo simile a come lo fai tu. La potenza di calcolo e l'intelligenza dell'A12 Bionic rende l'iPhone XS incredibilmente capace.

Fotocamera:

Consiste di uno Smart HDR che incapsula più tecnologie dentro ad esso. Comprende sensori più veloci, un ISP migliorato, e algoritmi avanzati. L'HDR Smart è usato per migliorare la qualità delle foto attraverso punti di luce e ombra migliori. L'iPhone Xs ha anche un bokeh più sofisticato, o una sfocatura sfondo, per incredibili ritratti. La fotocamera True Depth produce una mappa di profondità per tenere lo sfondo sfocato mentre l'utente rimane messo a fuoco per fornire foto in modalità ritratto migliorate. Il sensore della fotocamera comprende pixel più profondi e grandi per migliorare la fedeltà immagine, ed è più largo per permettere a più luce di toccare il sensore. Questo risulta in foto in poca luce migliori. L'HDR Smart, i sensori efficienti e zero lag otturatore si combinano per fermare un momento nel tempo con più dettagli di luce e ombre.

L'iPhone XS fa i video a qualità più alta di qualsiasi altro telefono grazie alle sue prestazioni a bassa luce. Ha una gamma dinamica estesa nei video fino a 30 fps. Abilita la registrazione stereo e la riproduzione stereo con una separazione dei suoni più larga.

Land Marking Facciale:

Dopo che viene riconosciuta una faccia, il landmarking facciale permette all'iPhone di aggiustare la luce del ritratto per il soggetto messo a fuoco.

Mappamento Profondità:

L'iPhone ha l'abilita di mantenere il soggetto e lo sfondo separati grazie all'avanzato motore neurale combinato con il motore avanzato di profondità dell'ISP.

Inoltre, la modalità ritratto cattura informazioni sulla profondità che ti permettono di aggiustare la profondità di campo e aggiungere Effetti di Luce nel Ritratto creativi. Consiste di due fotocamere posteriori da 12 megapixel con lenti $f/1.8$ e $f/2.4$ grandangolo.

La sua stabilizzazione ottica dell'immagine con la tendenza ai video in 4K gli permette di catturare fino a 60 fotogrammi al secondo. Inoltre, ha una fotocamera frontale da 7MP True Depth con lenti grandangolari con ampiezza $f/2.2$.

Formati Audio Supportati:

Sono supportati un numero di formati audio dall'iPhone XS. Questi includono AAC-LC, HE-AAC, HE-AAC v2,

Protected AAC, MP3, Linear PCM, Apple Lossless, FLAC, Dolby Digital (AC-3), Dolby Digital Plus (E-AC-3), e Audible (formati 2, 3, e 4, Audible Enhanced Audio, AAX, and AAX+).

Formati Video Supportati:

Questo iPhone supporta HEVC, H.264, MPEG-4 Part 2, e Motion JPEG, assieme alla Ampia Gamma Dinamica (HDR) con Dolby Vision e contenuti HDR10. Inoltre, supporta anche il Mirroring AirPlay, foto e output video all'Apple TV. L'output video e il mirroring video supporta fino a 1080p attraverso l'adattatore Lightning Digital AV.

Energia e Batteria:

La batteria dell'iPhone XS dura fino a 30 minuti in più dell'iPhone X. Contiene una batteria ricaricabile agli ioni di litio. È supportata dalla ricarica wireless (funziona con i caricabatterie Qi) e può anche essere caricata attraverso un sistema USB a computer o tramite caricabatterie.

Durata Chiamata (Wireless):

Dopo una ricarica completa, la durata chiamata può raggiungere 20 ore.

Utilizzo Internet:

Supporta fino a 12 ore di utilizzo internet continuo.

Riproduzione Video (Wireless):

L'utente può facilmente riprodurre video fino a 14 ore dopo una ricarica completa.

Riproduzione Audio (Wireless):

Fornisce la comodità fino a 60 ore di riproduzione audio dopo una ricarica completa.

Capacità Ricarica-Rapida:

L'iPhone XS impiega solo 30 minuti per caricarsi al 50%.

Sensori:

L'iPhone XS include il giroscopio a tre assi, Accelerometro, Sensore di Prossimità, Sensore di luce ambientale e Barometro.

Scheda SIM:

Ha il supporto Dual SIM (nano-SIM e eSIM) che non è compatibile con le schede microSIM.

Connettore:

Contiene un connettore ricarica Lightning.

Chiamate Audio:

Puoi effettuare chiamate audio attraverso il WiFi o la rete cellulare a qualsiasi dispositivo che supporta FaceTime audio.

Autenticazione Sicura:

Usa l'identificazione facciale per una rigida sicurezza che è possibile grazie alla fotocamera TrueDepth per il riconoscimento facciale.

Cellulare e Wireless:

Supporta i GSM/EDGE, UMTS/HSPA+, DC-HSDPA, CDMA EV-DO Rev. A (alcuni modeli), Gigabit-class LTE6, 802.11ac Wi-Fi with MIMO, Bluetooth 5.0, GPS, GLONASS, Galileo, e QZSS, NFC con modalità lettore, e Schede Express con riserva di cacrica.

L'iPhone XS Max

Se ti piace guardare film, fare foto e registrare video, l'iPhone XS Max fa per te.

Schermo/Display:

L'iPhone XS MAX ha uno schermo HDR da 6.5 pollici OLED "Super Retina" ed è lo schermo più grande di sempre su un iPhone. La presenza delle doppie lenti da 12 megapixel aiuta a bilanciare la tua foto e offre lo zoom ottico 2X, e anche il controllo di profondità in modalità ritratto.

Fotocamera:

Le specifiche della fotocamera dell'iPhone XS Max sono simili a quelle dell'iPhone XS. Consiste di uno Smart HDR che incapsula più tecnologie dentro ad esso. Comprende sensori più veloci, un ISP migliorato, e algoritmi avanzati. L'HDR Smart è usato per migliorare la qualità delle foto attraverso punti di luce e ombra migliori. L'iPhone XS Max ha anche un bokeh ancora più sofisticato, o la sfocatura sfondo, per incredibili ritratti.

Il Controllo Profondità permette agli utenti di aggiustare la profondità dell'ambiente, mentre la fotocamera True Depth produce una mappa di profondità per tenere lo sfondo sfocato mentre l'utente rimane messo a fuoco per fornire foto in modalità ritratto migliorate. Il sensore della fotocamera comprende pixel più profondi e grandi per migliorare la fedeltà immagine, ed è più largo per permettere a più luce di toccare il sensore. Questo risulta in foto in poca luce migliori. L'HDR Smart, i sensori efficienti e zero lag otturatore si combinano per fermare un momento nel tempo con più dettagli di luce e ombre.

Colore:

L'iPhone XS max è disponibile in acciaio inox e viene venduto in tre colori da cui scegliere, oro, grigio siderale e acciaio inox. Il telefono è impermeabile fino a una profondità di 2 metri.

Cellulare e Wireless:

Supporta i GSM/EDGE, UMTS/HSPA+, DC-HSDPA, CDMA EV-DO Rev. A (alcuni modeli), Gigabit-class LTE6, 802.11ac Wi-Fi with MIMO, Bluetooth 5.0, GPS, GLONASS, Galileo, e QZSS, NFC con modalità lettore, e Schede Express con riserva di cacrica.

Formati Audio Supportati:

Sono supportati un numero di formati audio dall'iPhone XS Max. Questi includono AAC-LC, HE-AAC, HE-AAC v2, Protected AAC, MP3, Linear PCM, Apple Lossless, FLAC, Dolby Digital (AC-3), Dolby Digital Plus (E-AC-

3), e Audible (formati 2, 3, e 4, Audible Enhanced Audio, AAX, and AAX+).

Formati Video Supportati:

Nell'iPhone XS Max sono supportati facilmente HEVC, H.264, MPEG-4 Part 2, e Motion JPEG, assieme alla Ampia Gamma Dinamica (HDR) con Dolby Vision e contenuti HDR10. L'output video e il mirroring video supporta fino a 1080p attraverso l'adattatore Lightning Digital AV.

Sensori:

Include un giroscopio a tre assi, Accelerometro, Sensore di prossimità, Sensore di luce ambientale e Barometro.

Scheda SIM:

Ha il supporto Dual SIM (nano-SIM e eSIM) che non è compatibile con le schede microSIM.

Connettore:

L'iPhone XS Max ha una porta di ricarica Lightning.

Chiamate Audio:

Puoi effettuare chiamate audio attraverso il WiFi o la rete cellulare a qualsiasi dispositivo che supporta

FaceTime audio.

Autenticazione Sicura:

Usa l'identificazione facciale per una rigida sicurezza che è possibile grazie alla fotocamera TrueDepth per il riconoscimento facciale.

Cuffie:

Anziché le cuffie col cavo, ha introdotto le AirPods.

Energia e Batteria:

La sua batteria dura fino a 1.5 ore in più rispetto all'iPhone X. Ha una batteria agli ioni di litio integrata ricaricabile, ricarica wireless (funziona con i caricabatterie Qi) e la ricarica via USB a un computer o a un caricabatterie.

Durata Chiamata (Wireless):

Permette fino a 25 ore in chiamata.

Utilizzo Internet:

Permette fino a 13 ore di utilizzo internet dalla ricarica completa.

Riproduzione Video (Wireless):

L'utente può riprodurre video fino a 15 ore.

Riproduzione Audio (Wireless):

la riproduzione audio fino a 65 ore è facilmente supportata.

Capacità Ricarica-Rapida:

Come l'iPhone XS, può anche caricarsi al 50% in soli 30 minuti.

Prezzo:

L'iPhone XS Max costa $100 in più rispetto all'XS a $1,099 per 64GB, $1,249 per 256GB o un enorme $1,449 per 512GB.

L'iPhone XR — Colorato, Meno costoso, ma più Scialbo

Se vuoi rimanere in un budget e non ti piacciono molto i grandi schermi, prova l'iPhone XR.

Schermo/Display:

Lo schermo è più piccolo dell'iPhone XS Max. Ha uno schermo LCD "Liquid Retina" da 6.1 pollici di diagonale con 326 pixel per pollice quadrato. La mancanza di qualche pixel e dell'HDR si traduce in qualità minore dell'immagine.

Fotocamera:

L'iPhone XR ha una fotocamera da 12MP con un'apertura di f/1.8, stabilizzazione ottica dell'immagine, zoom digitale fino a 5x, ampia cattura immagine per foto e Live Photos, Flash True Tone Quad-LED con Slow Sync, modalità Ritratto con bokeh e Controllo Profondità Avanzati, Illuminazione Ritratto con tre effetti (naturale, studio, contorno) e HDR Smart per le foto.

Fotocamera Frontale:

Supporta la registrazione video in 4K a 243 fps, 30 fps o 60 fps, 1080p HD a 30 fps o 60 fps, gamma dinamica estesa fino a 30 fps, stabilizzazione ottica dell'immagine per video, zoom digitale fino a 3x, supporto video a rallentatore a 1080p a 120fps o 240fs e video time lapse con stabilizzazione e registrazione stereo.

Colore:

Ha sei opzioni di colori in alluminio: bianco, nero, blu, giallo, corallo e rosso.

Cellulare e Wireless:

L'iPhone XR supporta GSM/EDGE, UMTS/HSPA+, DC-HSDPA, CDMA EV-DO Rev. A (alcuni modeli), LTE Advanced, 802.11ac Wi-Fi con MIMO, Bluetooth 5.0, GPS, GLONASS, Galileo, e QZSS, NFC con modalità lettore, e Schede Express con riserva di cacrica.

Energia e Batteria:

La sua batteria dura fino a 1.5 ore in più dell'iPhone 8 Plus, ed è una batteria integrata ricaricabile agli ioni di litio, ricarica wireless (funziona con i caricabatterie Qi), e la ricarica è via USB collegato a un computer o a un caricabatterie.

Durata Chiamata (Wireless):

Questo iPhone supporta fino a 25 ore di chiamata wireless.

Utilizzo Internet:

Internet può essere usato fino a 15 ore dopo la ricarica completa.

Riproduzione Video (Wireless):

La riproduzione video fino a 16 ore è fattibile.

Riproduzione Audio (Wireless):

la riproduzione audio è facilmente utilizzata fino a 65 ore.

Capacità Ricarica-Rapida:

Come gli altri modelli, l'iPhone XR può essere caricato al 50% in 30 minuti.

Connettore:

Usa una porta di ricarica Lightning.

Cuffie:

Si accoppia agli AirPods anziché con le cuffie convenzionali.

Scheda SIM:

It has a Dual SIM (nano-SIM and eSIM) which is not compatible with existing microSIM cards.

Formati Audio Supportati

Sono supportati un numero di formati audio dall'iPhone XR. Questi includono AAC-LC, HE-AAC, HE-AAC v2, Protected AAC, MP3, Linear PCM, Apple Lossless, FLAC, Dolby Digital (AC-3), Dolby Digital Plus (E-AC-3), e Audible (formati 2, 3, e 4, Audible Enhanced Audio,

AAX, e AAX+).

Formati Video Supportati:

Nell'iPhone XR sono supportati facilmente HEVC, H.264, MPEG-4 Part 2, e Motion JPEG, assieme alla Ampia Gamma Dinamica (HDR) con Dolby Vision e contenuti HDR10. L'output video e il mirroring video supporta fino a 1080p attraverso l'adattatore Lightning Digital AV.

Autenticazione Sicura:

Usa l'identificazione facciale per una rigida sicurezza che è possibile grazie alla fotocamera TrueDepth per il riconoscimento facciale.

Capitolo Sei: Consigli e Trucchi su come Usare un iPhone

Ci sono svariati modi di usare un iPhone X e le serie efficacemente, ma alcune delle scorciatoie non sono intuitive. Ecco alcuni consigli e trucchi che puoi usare per accelerare la tua esperienza iPhone in modo efficiente:

- Attivazione Siri: Attivare Siri è un gioco da ragazzi. L'utente deve solo spingere il tasto a destra per attivare questo assistente digitale.

- Apple pay: Per andare istantaneamente all'applicazione Apple Pay, tocca i tasti nella parte destra due volte. Questo aprirà istantaneamente l'app per te e renderà i pagamenti digitali un accesso facile.

- Lo switcher App. Il tasto home fisico negli ultimi modelli iPhone è stato sostituito da un tasto home sul touch screen multi-dimensionale. Per poter passare da un'app all'altra in modo efficace e facile, puoi scorrere il tasto home verso destra e ti porterà direttamente all'App switcher, da dove puoi facilmente passare da un'app all'altra.

- Linea indicatore home: Per tornare alla home direttamente da un'App, viene usata la linea indicatore home sulla parte inferiore dello schermo. Ti porta direttamente alla pagina uno specificatamente quando hai molte pagine di icone App.

- Passa da un'app all'altra. Per passare tra app recenti, basta scorrere sinistra o destra dalla tua linea indicatore home.

- Schermata notifiche: scorri dal bordo a sinistra dello schermo verso destra per far comparire la barra notifiche.

- Centro di controllo: scorri dall'angolo a destra verso sinistra per far comparire il centro di controllo anziché dover andare nelle impostazioni.

- Chiamate di emergenza, spegnimento o ID Medico: per spegnere il telefono, o per fare una chiamata di emergenza con il tuo iPhone XS, lascia premuto il tasto alterale e uno dei tasti volume contemporaneamente, poi scorri per spegnere il dispositivo, usare l'ID Medico o fare una chiamata di emergenza.

- Personalizza Animoji: Gli animoji personalizzati possono essere impostati con l'aiuto dello strumento del riconoscimento facciale. Il sistema riconosce le tue espressioni facciali nella fotocamera frontale. Basta aprire la lista App nell'App messaggi, scorrere a destra e selezionare l'icona animoji (scimmia) e scorrere a destra fin quando non trovi la nuova icona memoji (+) che permette all'utente di personalizzarli come vuole.

Dopo che hai finito, tocca il tasto "Fine" nella parte superiore dello schermo per salvare i tuoi memoji e usarli nei tuoi iMessages.

- Chiudi rapidamente le app aperte. per aprire le App aperte nell'iPhone XS, attiva l'App switcher di cui abbiamo imparato prima. Questa funzione ti permette di passare da un'app all'altra e anche di chiuderle o aprirle velocemente. Questo è efficiente quando usi App multiple contemporaneamente.

- Cattura Schermo: Lascia premuto il tasto laterale e il tasto volume su contemporaneamente per effettuare rapidamente una cattura schermo.

- Resetta il tuo iPhone XS: Per fare un hard reset del tuo iPhone XS, premi e rilascia il tasto volume su, poi premi e rilascia il tasto volume giù, e il tuo ultimo passo è di lasciare premuto il tasto laterale per far spegnere il telefono e per far comparire il logo Apple.

- Registrazione video efficiente: registra video a risoluzioni più alte andando nelle impostazioni e impostando l'alta risoluzione per i video.

- Tocca per svegliare il telefono: Per svegliare il telefono, basta toccare sullo schermo 3-D e svegliare il telefono. Questa è una impostazione di default, ma puoi abilitarla manualmente andando nell'App Impostazioni > Generali > Accessibilità > disabilita "Tocca Per Svegliare."

- Effettua lo zoom nell'App Youtube: Per sfruttare interamente gli schermi HD larghi, Apple ha aggiunto una funzione dove puoi fare zoom nel video YouTube per allargarli per tutto il display semplicemente pizzicando lo schermo.

- Strumento di sicurezza riconoscimento facciale: Con l'aggiunta di iOS 12, i modelli più recenti dell'iPhone hanno un forte strumento di riconoscimento facciale 3-D per la sicurezza che viene considerato più affidabile rispetto al riconoscimento dell'impronta digitale. Vai nell'App Impostazioni > Face ID & Password e segui le istruzioni. Puoi anche controllare le app che usano questa funzione andando nell'App Impostazione > Face ID & Password > (Inserisci Password) > Altre App.

- Caratteristiche attente: L'iPhone XS può anche

essere personalizzato secondo le tue esigenze. Puoi anche impostare il gesto "scuoti" per far svegliare il telefono senza dover fare il doppio tocco o senza dover scorrere.

- Personalizzare le risposte iMessage per le chiamate a cui non puoi rispondere. Puoi facilmente personalizzare le risposte e tenerle per le chiamate a cui non puoi rispondere. Questo è comodo quando non hai tempo per scrivere un messaggio di testo.

- Promemoria chiamata: Con iOS 12 puoi farti ricordare di fare chiamate a cui non hai potuto rispondere per qualche motivo. Puoi anche scegliere quale periodo di tempo deve passare prima di ricevere il promemoria.

- Non disturbare: Questa è una funzione che ti fa tenere il tuo tempo personale senza venire interrotto da chiamate al telefono o messaggi. Puoi facilmente personalizzare il periodo di tempo in cui non vuoi essere disturbato. Dopo che imposti l'orario, l'iPhone entrerà automaticamente in modalità "Non Disturbare" in queste fasce di tempo impostate.

- Modalità bassa energia: Ecco un trucco per risparmiare energia – converti il telefono in modalità risparmio energetico andando in 'Impostazioni" e usando il tuo telefono di più in modalità bassa energia. Puoi anche vedere l'utilizzo app dalla barra sopra e chiudere le App che stanno usando più spazio e batteria per massimizzare la durata batteria.

- Tocca per andare all'inizio: Quando scorri in lunghe note e documenti, scorrere al titolo sembra un problema perditempo. Per risparmiare tempo, basta toccare la parte al bordo superiore dello schermo del tuo iPhone XS e ti porterà alla prima pagina del documento.

- Fai foto mentre stai facendo video: La possibilità incredibile di fare foto mentre stai facendo un video è ciò che rende la cattura divertente e facile. Per fare una foto, basta toccare il tasto fotocamera che spunta sullo schermo accanto al tasto per avviare e fermare il video mentre filmi. La qualità della foto sarà minore, ma sarà comunque abbastanza buona.

- Rendi l'iPhone XS buono per i bambini: Per

evitare che il tuo costoso acquisto viene utilizzato male o distrutto dai bambini, l'iPhone ha un'opzione per i bambini. L'utente deve semplicemente andare su Impostazioni > Generale > Restrizioni e puoi limitare l'accesso ad app specifiche, bloccare gli acquisti in app ed impostare una fascia di età per i contenuti appropriati.

- Aggiungi rapidamente simboli: Puoi usare la tastiera dell'iPhone XS in modo efficace per scrivere più velocemente e in modo più facile. Per esempio, in passato se volevi selezionare un numero specifico e poi un simbolo, dovevi navigare tra varie tastiere. Tuttavia, nel nuovo iPhone basta toccare il tasto del numero e, senza alzare il dito, scorrere al simbolo che vuoi aggiungere per poi lasciare il dito. La tastiera tornerà al suo aspetto normale. Un simbolo, se viene premuto per un po', mostrerà anche altri simboli che potresti trovare assenti nella tastiera. Sono tutti la, nascosti nella tastiera.

- Personalizza la sostituzione testo dell'auto correzione: iOS 12 capisce rapidamente cosa vuoi scrivere. Per personalizzare il tuo tipo di lingua potresti voler usare questa funzione. Per fare ciò, vai a Impostazioni > Generale, scorri già e tocca Tastiera. Seleziona Sostituzione Testo e vedrai che sostituzioni testo hai impostato al momento.

- Non scrivere mai una password, indirizzo o informazioni account: Per salvare tempo nel riempire le stesse informazioni dell'account ripetutamente, puoi far memorizzare al tuo iPhone i dettagli, così quando è ora di inserire i dati, il tuo iPhone auto-riempie le informazioni necessarie. Basta andare ad Impostazioni > Safari > Riempimento automatico.

- Formattazione testo: la formattazione testo è un trucco per mettere alcune parti del testo delle tue App in evidenza e per farli essere diversi. Apri un'app con formattazione testo, seleziona il testo che vuoi modificare toccandolo due volte e scegli il menu formattazione.

- Elimina rapidamente nell'app calcolatrice: c'è un utile trucco salva tempo per usare l'App calcolatrice efficacemente nell'iPhone. Fortunatamente l'utente può scorrere da qualsiasi parte del numero nella parte nera nella parte superiore dello schermo e ogni volta che lo fai, verrà eliminato una cifra.

- Personalizza il timer musica: C'è un timer nell'App Musica nell'iPhone XS. Potresti voler andare a letto mentre ascolti musica e, mentre lo fai, il tuo telefono continuerebbe a riprodurre musica per tutta la notte. Che spreco di batteria. Puoi abilitare facilmente il timer ed impostare il tempo allo scadere del quale vuoi che si fermi la musica. Apri il pannello timer dell'App Orologio. Seleziona quanto vuoi che duri il timer e dopo premi 'Quando Finisce il Timer' Seleziona 'Smetti di Riprodurre' dalla parte inferiore del menu. Tocca 'avvia' sul timer e continua ad ascoltare la musica usando l'App Musica. La musica smetterà di essere riprodotta quando scade il timer. Questa tecnica funziona anche sugli audiolibri e su altri tipi di contenuti multimediali.

- Abilita pronuncia selezione: Puoi far leggere i tuoi testi dall'iPhone XS abilitando semplicemente la pronuncia selezione. Per fare ciò, vai in 'Impostazioni Generali' e seleziona l'opzione

'Accessibilità'. Seleziona 'Pronuncia Selezione' da qui. Dopo che fai ciò, troverai l'opzione 'Leggi' nei tuoi messaggi lasciandoli premuti. Questa opzione è incredibile quando devi leggere lunghi messaggi mentre guidi.

Capitolo Sette: iOS 12

iOS 12 è un aggiornamento software Apple che introduce miglioramenti alle prestazioni e interessanti nuove funzioni all'iPhone e iPad. Questo nuovo aggiornamento ha corretto alcuni bug nelle versioni precedenti e ha introdotto molte nuove funzioni.

Le nuove e fresche funzioni che sono incluse con questo aggiornamento sono:

- Apple Books: Il negozio di libri Apple è comodo per cercare i libri che ti piacciono. Usa informazioni come autori, celebrità o generi e ti rende facile cercare i tuoi libri preferiti. Puoi anche scorrere facilmente tra i libri mentre leggi sull'app. Puoi anche aggiungere libri nella tua lista dei desideri per tenere traccia dei libri che vuoi leggere successivamente.

- Apple Music: È un modo divertente ed efficiente di ascoltare la musica che ti piace. iOS12 fornisce un'app Musica che puoi personalizzare secondo i tuoi gusti. Puoi usare i testi delle canzoni o il nome di un artista per trovare nuova musica. Ti consiglia anche le canzoni al top delle classifiche giornaliere.

- Apple News: Per uomini e donne d'affari, quando devono essere aggiornati sulle notizie tutto il tempo, iOS porta Apple news che tiene traccia dei tuoi interessi e ti suggerisce notizie correlate. È diventato più facile cercare materiali relativi ai tuoi gusti e non.

- Memo Vocali: L'aggiornamento iOS 12 porta un nuovissimo design con una facilità d'uso migliorata. iCloud mantiene le tue registrazioni e modifiche sincronizzate

- su tutti i tuoi dispositivi, e supporta l'iPad con supporto per entrambe le orientazioni verticale e orizzontale.

- Televisione: La versione aggiornata ti notifica quando nuovi episodi dei tuoi film preferiti e serie TV vengono caricati. Puoi anche condividerli universalmente.

- Apple Podcasts: Questa funzione supporta i capitoli per gli show che li includono, e puoi saltare 30 secondi o al capitolo successivo con i tasti avanti rapido e indietro nella tua auto, o sulle tue cuffie. Questo permette all'utente di gestire facilmente le notifiche dei nuovi episodi dalla schermata Ascolta Ora.

- Accessibilità: Live Listen adesso funziona con gli Air Pod per aiutarti a sentire più chiaramente. Leggi Selezione supporta usare la voce di Siri per fargli leggere il testo che hai selezionato quando non hai tempo di leggerlo da solo.

- Foto: Questa funzione aiuta l'utente a riscoprire e condividere le foto che vengono sincronizzate con la tua libreria.

- Memoji: Una nuova e divertente funzione personalizzabile che permette agli utenti di divertirsi con i loro animoji esprimendosi liberamente. Puoi usare la fotocamera frontale per questo scopo, mentre la tecnologia back-end converte la tua espressione in animoji.

- Tempo Schermo: Questa funzione aiuta l'utente informandolo di come passano il tempo usando il telefono. L'utente può analizzare il tempo schermo in modo migliore e, di conseguenza, ridurre quello che serve.

- Siri: Con l'aggiunta di Siri, l'utente può facilmente creare scorciatoie personalizzate per svolgere compiti sui loro dispositivi.

- Gestione notifiche migliorata: iOS 12 ha strumenti notifiche migliorate che ti notificano solo per i compiti importanti secondo tuo comando, anziché facendo spam con le notifiche che contengono avvisi inutili.

- Strumento Fotocamera: Il cambiamento più grande di tutti gli iPhone è l'aggiunta di FaceTime, ma questa funzione è stata levata per ora.

- Gestione App: Non c'è bisogno di chiudere le App manualmente quando iOS 12 porta la comodità di chiudere automaticamente le App che non vengono usate e di conseguenza salvare batteria.

- Strumento di misurazione integrato: I memoji sono divertenti, ma lo strumento metro è per lavoro. iOS12 ha funzioni che permettono all'utente di misurare oggetti nella vita reale attraverso la realtà aumentata.

Capitolo Otto: Pro e Contro

iPhone XS MAX

Pro

- L'iPhone XS Max ha una costruzione di alta qualità.

- Schermo: Ha uno schermo OLED da 6.5 pollici con un livello massimo di luminosità di classe premium da 625 cd/m2.

- Tocco: Ha un Tocco Tridimensionale.

- Fotocamera: L'iPhone XS Max ha due fotocamere da 12 megapixel nel retro con la capacità di effettuare registrazioni video in 4K/UHD (3840 x 2160), una funzione cattura video a rallentatore a 240fps, e una Modalità Ritratto con controlli di profondità.

- Include anche un flash a quattro LED true-tone.

- Specifiche hardware: Le specifiche dell'XS Max includono il chip A12 bionic prodotto da Apple aiutato da un motore neurale dedicato, che l'azienda afferma sia un'iterazione più potente e più efficiente rispetto all'A11 Il motore usato dal modello madre ora fuori produzione, l'iPhone X.

- Tempo Batteria: Anche se Apple non ha specificato la capacità della batteria al momento della scrittura di questa guida, le 25 ore promesse di chiamata e le 65 ore di riproduzione musicale sull'iPhone XS Max suonano corrette.

- Corpo: L'aspetto fisico dell'iPhone XS Max è

impermeabile e resistente alla polvere. Con la larghezza sottile solo 7.7mm, è superiore in termini di bellezza. Ad unire tutto è il guscio dell'iPhone XS Max certificato IP68 (impermeabile e resistente alla polvere) che è solamente 7.7mm spesso, rendendolo sexy rispetto a molti altri smartphone flagship impermeabili rivali.

- Batteria: Dura fino a 1.5 ore in più rispetto all'iPhone X.

Contro

- Peso: Questo telefono pesa 208 grammi in più rispetto all'iPhone XS.

- Archiviazione: È assente lo slot Micro SD per espandere la memoria, che quindi rende 512GB il massimo di memoria interna.

- La sua mancanza di un jack cuffie da 3.5mm.

- Densità: Ha una densità pixel da 458ppi, inferiore rispetto alla maggior parte dei telefoni che hanno per es. 550ppi.

- Fotocamera Frontale: La fotocamera frontale da 7

megapixel è posizionata sopra lo schermo. Ha una risoluzione pixel non molto alta.

- Prezzo: Costa $1,099/64GB, $1,249/256GB, $1,449/512GB.

iPhone XS

Pro

- Schermo: L'iPhone XS ha un bello schermo da 5.8 pollici OLED HDR con inoltre un livello luminosità massimo di 625 cd/m2.

- Tocco: Consiste nella tecnologia 3D Touch proprietaria di Apple.

- Fotocamera: L'iPhone XS ha una fotocamera doppia posteriore, con una fotocamera da 12 megapixel f/24 teleobiettivo accoppiata ad una fotocamera da 12 megapixel grandangolarc. Entrambe queste fotocamere producono immagini di classe flagship come la registrazione video a 4K-2160p a 60fps e la modalità ritratto, con un adatto controllo profondità.

- Il flash a quattro LED True-Tone è uno dei flash per telefoni più ambiziosi disponibili.

- Specifiche Hardware: Le specifiche hardware di questo iPhone sono caratterizzate da un chip A12 Bionic accoppiato a un motore neurale dedicato, che è un processore hexa-core che secondo Apple è più veloce del 15% dell'A11 che alimenta l'iPhone X e le varianti iPhone 8.

- Archiviazione: L'XS ha una memoria massima enorme di 512GB integrata, con la scelta anche tra versioni da 256GB e 64GB.

- Corpo: Il corpo è composto da un guscio certificato IP68, che lo rende impermeabile ai liquidi e spesso solamente 7.7mm.

- Batteria: La batteria dura fino a 30 minuti in più rispetto all'iPhone X

- Prezzo: Costa $999/64GB, $1,149/256GB, $1,349/512GB.

Contro

- Peso: Pesa più dell'iPhone X.

- Densità: Simile all'iPhone XS Max, la sua densità pixel, cioè 458ppi, è inferiore rispetto alla media per es. 500ppi.

- Risoluzione: Questo telefono non ha la possibilità di fare 2k-1440p come i suoi competitor, e preferisce stare sui 2436 7-

- Fotocamera: Ha una fotocamera selfie frontale da soli 7 megapixel.

- Archiviazione: Non c'è lo slot scheda micro SD.

- Corpo: Ha un connettore lightning con un corpo sottile, per cui gli manca anche il jack cuffie da 3.5mm.

iPhone XR

Pro

- Schermo/display: Andando verso un concetto a tutto schermo; Apple ha deciso di allungare l'intero display allungandolo verso i suoi bordi arrotondati. Il display offre una luminosità massima di 625 cd/m2 assieme al supporto a Dolby Vision e al contenuto HDR10

- Lenti: Contiene un flash a quattro LED True-Tone con la registrazione video in 4K-2160p e una protezione lenti in cristallo di zaffiro.

- Hardware: L'iPhone XR ha un chip A12 Bionic a 6 core, accoppiato a un motore neurale, che offre una velocità migliorata del 15% rispetto ai suoi predecessori.

- Batteria: I punteggi stress test della batteria, che includono un tempo di chiamata di 25 ore e un tempo di riproduzione audio continua di 65 ore non suonano per niente strani.

- Corpo: Il suo chassis è certificato IP67 resistente agli schizzi e racchiude il telefono per il piacere dell'utente.

- Prezzo più basso: Costa $749/64GB, $799/128GB, e $899/256GB.

Contro

- Risoluzione: Non ha una risoluzione HD e offre una risoluzione standard di 1792 x 828 pixel.

- Densità: Come sappiamo, una buona media è 500ppi, il nuovo iPhone XR ha solamente un punteggio densità pixel di 326ppi.

- Fotocamera: La fotocamera selfie, allo stesso modo degli altri modelli, è di soli 7 megapixel con una scarsa risoluzione pixel, che va bene per un'esperienza basilare con la fotocamera frontale rispetto ai telefoni che vanno avanti di selfie che hanno più pixel per un'incredibile esperienza selfie. Anche la sua fotocamera posteriore non è molto interessante, avendo solamente 12 megapixel.

- Archiviazione: Le scelte prendono di mira utenti che hanno una richiesta minore di spazio, e offre solamente un massimo di memoria non espandibile di 256GB integrata con varianti da 128GB e 64GB.

Capitolo Nove: Conclusioni

Gli ultimi modelli iPhone sono alcuni dei telefoni più avanzati disponibili oggi sul mercato. Hanno generato un sacco di hype ancora prima del loro lancio e, pur avendo un alto prezzo, stanno arrivando ad essere uno degli smartphone bestseller di questo anno.

Apple beneficerà anche del lancio di tre variazioni a diverse fasce di prezzo che aiuteranno a diversificare la portata dei loro prodotti. I nuovi modelli hanno un aspetto meraviglioso, ma non sono molto diversi dall'iPhone X dell'anno precedente.

Tuttavia, i nuovi iPhone hanno anche una batteria con capacità più grande, che li aiuta ad essere più 'portatili' delle versioni precedenti e aiuta a competere con gli altri smartphone flagship.

Grazie ad un veloce processore, alta RAM, risoluzione schermo top di gamma e altre funzioni, questi modelli sono ugualmente ottimi per l'utilizzo in azienda, come telefoni da gaming, per fotografica semi fotografica e per i liberi professionisti che sono sempre in giro.

Le nuove funzioni avranno vita breve ma fanno intravedere delle tecnologie emergenti e come possono trasformare i nostri telefoni nei futuri anni.

Molti fan degli iPhone che si aspettavano icone ambiziose potrebbero essere delusi con i nuovi modelli. da un po', le innovazioni come le tastiere proiettate o anche gli schermi pieghevoli sono molto rumoreggiate sui forum online.

Tuttavia, Apple non commenta sui gossip e, anche se queste funzioni sembrano incredibili, non abbiamo modo di sapere se aspettarceli o meno per i prossimi iPhone.

Link alle immagini

https://pixabay.com/en/icon-icons-computer-phone-apple-1971130/

https://pixabay.com/en/technology-iphone-x-iphone-phone-3068617/

https://pixabay.com/en/iphone-smartphone-apps-apple-inc-410311/

https://pixabay.com/en/iphone-x-iphone-x-apple-mobile-3566142/

https://pixabay.com/en/iphone-x-iphone-x-apple-mobile-3501731/

https://pixabay.com/en/iphone-ios-apple-6s-plus-white-1067988/

https://pixabay.com/en/iphone-x-samsung-galaxy-s8-2957216/

https://pixabay.com/en/smartphone-cellphone-apple-i-phone-1894723/

https://pixabay.com/en/apple-concert-dark-iphone-lights-1836071/

https://pixabay.com/en/conference-workshop-iphone-3677032/